ALLOCUTION

PRONONCÉE

Dans l'Église de Saint-Étienne, à Roanne

Le 19 Juillet 1888

EN LA FÊTE DE SAINT VINCENT DE PAUL

POUR LE MARIAGE

de

Mademoiselle MARIE-LOUISE CHABRIER

avec

Monsieur ANDRÉ CHATANAY

*Itaque jam non sunt duo,
sed una caro.*

Ils ne sont plus deux,
mais une seule chair.

E salue en ce jour un événement heureux pour vous, pour vos familles, pour vos amis. Dorénavant, vous pouvez compter parmi les grandes époques de votre existence ce jour où, agenouillés au pied des saints autels, en présence des prêtres de Jésus-Christ et de ceux qui vous aiment, vous vous êtes donnés l'un à l'autre d'une manière

irrévocable, et où vous vous êtes promis mutuelle-
ment jusqu'à la fin de votre carrière terrestre amour
et fidélité.

Monsieur, chère Sœur, vous êtes venus dans ce
temple sacré, demeure du Dieu trois fois saint, et
vous avez sollicité le ministère d'un frère, honoré
du caractère sacerdotal, pour accomplir une action
de la plus haute importance, pour recevoir un
sacrement de la Loi nouvelle. Car « les conciles
et la tradition », dit l'illustre pape Léon XIII dans
son Encyclique sur le mariage chrétien, « ont
constamment déclaré que le Christ, notre Maître,
a élevé le mariage à la dignité de sacrement, de
sorte que les époux, fortifiés par la grâce céleste,
trouvent la sainteté dans le mariage même ».
*Sacramentum hoc magnum est in Christo et in
Ecclesia.*

MONSIEUR, CHÈRE SŒUR,

Je veux votre bonheur ; je fais les vœux les plus sincères pour que les jours que vous devez couler ensemble soient longs et marqués au coin de la félicité la plus complète.

Vous croyez à la sincérité de mes souhaits, vous surtout, Sœur bien-aimée. N'ai-je pas eu l'occasion de vous montrer en maintes circonstances l'intérêt que je vous portais ? Enfant, adolescent, prêtre, n'ai-je pas toujours eu pour vous un cœur de frère ? Vos peines n'étaient-elles pas les miennes ? Vous connaissez la joie que j'éprouvais, lorsque je vons voyais heureuse, le sourire sur les lèvres, le front calme et serein. Aussi, chère Sœur, et vous, Monsieur, laissez-moi vous indiquer les conditions qui vous assureront dans l'état du mariage le bonheur que je vous souhaite à tous deux.

Dans la Sainte Écriture, au second chapitre de la

Genèse, il est fait mention du premier mariage qui s'est fait sur la terre, mariage qui a eu pour prêtre et pour témoin Dieu lui-même. L'homme venait d'être créé dans un état de justice et d'innocence; son âme avait été faite à l'image et à la ressemblance de son Créateur. Placé dans le paradis terrestre, le premier homme vivait dans les délices, et commandait en maître à tous les animaux de la création qu'il avait appelés de leur nom véritable. Mais Adam était seul de son espèce. Alors le Seigneur dit : « Il n'est pas bon que l'homme soit seul; faisons-lui un aide semblable à lui... Pour réaliser ce dessein, il envoya à Adam un profond sommeil; et lorsqu'il était endormi, il tira une de ses côtes, et mit de la chair à sa place. Et Dieu forma la femme de la côte qu'il avait tirée d'Adam, et il l'amena à celui-ci. Alors Adam dit : Voilà maintenant l'os de mes os, et la chair de ma chair... C'est pourquoi l'homme quittera son père et sa mère, et s'attachera à sa femme, et ils seront deux dans une seule chair », *Et erunt duo in carne una.*

Arrêtez-vous à ces dernières paroles pour les méditer, pour en tirer les salutaires enseignements qui en découlent. « Il seront deux dans une seule chair », ce sont ces paroles qui renferment vos devoirs d'époux, dont l'accomplissement fidèle vous procurera joie, paix et bonheur.

Monsieur, chère Sœur, vous êtes deux êtres intelligents tout à fait distincts ; vous avez chacun votre personnalité, votre individualité. Une fois unis par les liens indissolubles du mariage, vous devez perdre en quelque sorte votre propre individualité pour ne former qu'une seule personne. Les joies, que vous vous promettez dans le mariage, ne vous seront accordées qu'autant que vous accomplirez cette volonté de Dieu : « Ils seront deux dans une seule chair », *Et erunt duo in carne una.* Cette nécessité pour les époux d'être un est si essentielle à leur bonheur que Notre-Seigneur Jésus-Christ et saint Paul le leur rappellent d'une façon énergique et très claire dans les Saintes Lettres : « Ils ne sont plus deux, mais une seule chair », *Itaque jam non sunt duo, sed una caro.* Ce sont les propres paroles du divin Maître. Écoutez le grand Apôtre indiquant dans une de ses épîtres les raisons pour lesquelles les époux doivent être un. Sa doctrine est si claire, qu'elle n'a pas besoin de commentaire pour l'expliquer : « Le corps de la femme n'est point en sa puissance, mais en celle de son mari : de même le corps du mari n'est point en sa puissance, mais en celle de sa femme. Les maris doivent aimer leurs femmes comme leur propre corps : en effet celui qui aime sa femme s'aime soi-même, car elle est sa propre chair. Or nul ne hait sa propre chair ; mais il la nourrit et l'entretient, comme Jésus-Christ fait à l'égard de l'Église, qui est aussi sa propre chair. »

Le mariage bien compris détruit donc pour ainsi dire la personnalité individuelle de l'homme et de la femme pour former l'unité la plus parfaite : « Ils ne sont plus deux, mais une seule chair », *Itaque jam non sunt duo, sed una caro.*

Conséquemment à cette doctrine, les époux doivent s'aimer d'un même amour. L'affection qu'ils ont l'un pour l'autre doit être égale en densité, et réclame de part et d'autre la même générosité dans le support des défauts et le même dévoûment dans les bons services à se rendre.

C'est parce qu'ils ne forment ensemble qu'une seule chair, que les époux doivent partager les mêmes sentiments religieux. Ils doivent adorer le même Dieu dans la prière, croire les mêmes vérités de foi, recevoir les mêmes sacrements, se soumettre aux mêmes prescriptions divines et ecclésiastiques.

Enfin, les époux, pour ne pas rompre l'unité qu'ils ont contractée dans le mariage, sont tenus à suivre la même direction dans l'éducation intellectuelle et morale des enfants.

Monsieur, chère Sœur, vous admettez sans peine maintenant que le bonheur des époux est attaché à leur unité de sentiments, de vues et de principes. En effet, comme Bossuet le fait remarquer avec tant de justesse, pourquoi « les mariages sont-ils

aussi souvent un supplice qu'une douce liaison ? »
N'est-ce pas parce que les époux n'ont pas compris
cette parole de Jésus-Christ : « Ils ne sont plus
deux, mais une seule chair ». *Itaque jam non sunt
duo, sed una caro ?*

Le bonheur n'est pas dans la division ; par con-
séquent ils cherchent en vain des jours sereins, les
époux qui ont le cœur partagé, qui ont des principes religieux différents, qui se contrarient dans
les leçons de vertu et d'honnêteté qu'ils ont à
donner à leurs enfants.

Quant à vous, Monsieur, chère Sœur, vous
mettrez à profit les enseignements que la foi vous
fournit. Une fois unis, vous vous rappellerez que
le mariage a établi entre vous deux une unité
parfaite, et que cette unité doit s'étendre à l'amour
réciproque que vous vous devez, à la religion que
Dieu vous impose, à l'éducation que vos enfants
ont droit de réclamer de vous.

Soyez donc un seul être moral toujours et en
toutes circonstances ; et alors vos jours seront

pleins de charme et de douceur. Et les épreuves
inévitables de la vie, qui viendront parfois assom-
brir votre existence, ne seront que de légers nuages
que votre communauté de vues, de sentiments
viendra bientôt dissiper.

Il est temps de recevoir votre mutuel consente-
ment et de bénir votre union au nom de l'Église
dont je suis actuellement le représentant.

Que les bénédictions célestes tombent sur vous
avec abondance. Oui, que votre mariage soit béni
du Très-Haut. Et comment ne le serait-il pas?
Monsieur, chère Sœur, vous avez préparé votre
mariage, (je suis fier de le proclamer dans cette
assemblée de parents et d'amis), par un passé irré-
prochable, par la prière, et par la digne réception
des sacrements

Votre mariage sera béni de Dieu, Monsieur, vous
qui avez le talent de gagner l'estime de ceux qui
vous approchent par votre grand cœur, par votre
douceur, par vos pensées sérieuses; car il a été
préparé par le veuvage si long et si saintement